Maik Günther

Strategisches Workforce Management

Die optimale Personalstruktur im Handel

GRIN Verlag

Bibliografische Information der Deutschen Nationalbibliothek:

Die Deutsche Bibliothek verzeichnet diese Publikation in der Deutschen National-
bibliografie; detaillierte bibliografische Daten sind im Internet über http://dnb.d-
nb.de/ abrufbar.

Impressum:

Copyright © 2011 GRIN Verlag GmbH
Druck und Bindung: Books on Demand GmbH, Norderstedt Germany
ISBN: 978-3-640-90955-1

Dieses Buch bei GRIN:

http://www.grin.com/de/e-book/171546/strategisches-workforce-management

Strategisches Workforce Management.
Die optimale Personalstruktur im Handel

Maik Günther

Zusammenfassung. Der Handel ist eine sehr personalintensive Branche. Zur Kostensenkung und Umsatzsteigerung bietet der effiziente Personaleinsatz sehr viele ungenutzte Hebel. In diesem Zusammenhang
kommt dem strategischen Workforce Management eine zentrale Rolle zu.
Denn bisher wurde die Personalstruktur meist nur mit Tabellenkalkulationen geplant. In dieser Arbeit werden konkrete Personaleinsatzpläne
für ein komplettes Kalenderjahr erstellt, aus denen die Auswirkungen einer geänderten Personalstruktur sichtbar werden. Im Rahmen von Sensitivitätsanalysen werden Szenarien simuliert, woraus sich Empfehlungen
für die optimale Personalstruktur ableiten lassen.

Schlüsselwörter: Handel, Strategisches Workforce Management, Personalstruktur, Evolutionsstrategien

1 Einleitung

Der Handel ist sehr personalintensiv und zählt zu einer der größten Branchen
Deutschlands [7]. Zur gleichen Zeit ist diese Branche von einem starken Wett-
bewerb geprägt. Es findet ein Konsolidierungsprozess statt, der weiter anhalten
wird. Stellenabbau, der vermehrte Einsatz geringfügig Beschäftigter, die Aus-
weitung der Verkaufsfläche oder des Waren- und Dienstleistungsangebots sind
unter diesen Rahmenbedingungen nur einige Maßnahmen des Handels, die jedoch
nicht immer erfolgreich sind [4]. Trotz dieser Maßnahmen ist der bedarfsorientierte Personaleinsatz nicht immer möglich. Eine Überdeckung an Personal führt
zu unnötigen Kosten, was den Gewinn schmälert. Eine Unterdeckung an Personal bewirkt auf der anderen Seite einen schlechten Servicelevel und führt somit
zu einem Anstieg des Anteils der Nichtkäufer. Ein am Personalbedarf orientier-
ter Personaleinsatz führt neben einer Kostenreduktion durch die Vermeidung
von Überdeckungen zu einer Verbesserung des Servicelevels und kann somit zur
Umsatzsteigerung beitragen. Bei steigendem Umsatz sinkt der Anteil der Personalkosten an den Gesamtkosten, was einer der größten Effekte für Workforce
Management (WFM) im Handel ist [2, S. 256-257].
     Am Markt existieren aktuell Softwarelösungen für ein operatives und takti-
sches WFM. Also die Erstellung von bedarfsorientierten Einsatzplänen für die
nächste Woche oder den nächsten Monat sowie eine Ersatzplanung bei Mitar-
beiterausfällen und kurzfristigen Bedarfsschwankungen. Auf der strategischen

Ebene sind derartige Lösungen bisher nicht zu finden, wenn man von selbst erstellten Kalkulationen in MS EXCEL^{TM} mit beschränkter Aussagekraft absieht. Da gerade in der langfristigen Planung der Personalstruktur große ungenutzte Potenziale zur Kostensenkung und Umsatzsteigerung im Handel liegen, wird in dieser Arbeit auf strategisches WFM eingegangen. Strategisches WFM wird nachfolgend auf Basis konkreter Einsatzpläne vorgenommen. Anhand dieser Einsatzpläne, die ein Kalenderjahr umfassen, werden Sensitivitätsanalysen angestellt. So ist es möglich, verschiedene Szenarien zu simulieren und Fragestellungen nach der optimalen Personalstruktur zu beantworten.

Eine grundlegende Einführung in strategisches WFM wird in Kapitel 2 gegeben. Anschließend wird auf die automatische Erstellung von Arbeitszeitmodellen eingegangen, was eine sehr bedarfsorientierte Planung ermöglicht. Strategisches WFM wird in dieser Arbeit an einer konkreten Problemstellung aus der Praxis exemplarisch angewendet. Diese Problemstellung wird in Kapitel 4 erläutert und beinhaltet die zuvor erläuterten automatisch erstellten Arbeitszeitmodelle. Konkrete Ergebnisse verschiedener Sensitivitätsanalysen werden anschließend in Kapitel 5 vorgestellt. Mit einer kurzen Zusammenfassung endet diese Arbeit.

2 Strategisches Workforce Management

Die Festlegung der optimalen Personalstruktur ist eine entscheidende Managementaufgabe. Neben dem Anfertigen von Stellenbeschreibungen wird die Stellenplanung heute meist mit Hilfe von MS EXCEL^{TM} & Co. durchgeführt [5]. Zudem spielen in das Thema häufig Einzelmeinungen von Geschäftsführern und Bereichsleitern hinein. Allein durch Bauchgefühl, schriftliche Abhandlungen und errechnete Vollzeitäquivalente ist eine optimale, an aktuelle und zukünftige Anforderungen bestmöglich angepasste Personalstruktur nicht zu realisieren. Folgende Fragestellungen können heute kaum beantwortet werden:

- Wie sieht die optimale Personalstruktur aus, wenn der Umsatz in den nächsten drei Jahren um 25% steigt?
- Die Verkaufsfläche kann um 10% erweitert werden. Wie viele zusätzliche Mitarbeiter würden dann mit welchen Wochensollstunden benötigt?
- Welchen Einfluss auf den Servicelevel hat der vermehrte Einsatz von Teilzeitkräften?
- Welche Auswirkungen auf die Saldenstände der Mitarbeiter haben geänderte Öffnungszeiten?
- Lohnt es sich, zwei Mitarbeiter kostspielig weiterzubilden, um mehr Flexibilität im Personaleinsatz zu erzielen? Wie würde sich ihre Zusatzqualifikation auf die Gesamtzahl der Überstunden in der Abteilung auswirken – sinken sie?
- Um wie viel Prozent würden die Überstunden (Kosten) sinken, wenn sich die Krankheitsquote mit einer Maßnahme um 0,5% reduzieren ließe.

Strategisches WFM liefert exakte Antworten auf diese oder ähnliche Fragen. Denn es ist mehr als die Erstellung eines Einsatzplans für die nächste Woche oder den nächsten Monat. Strategisches WFM ist die Ermittlung der optimalen Personalstruktur auf Basis exakter, langfristiger Einsatzpläne der kommenden Monate oder Jahre.

Selbstverständlich weiß heute niemand, wie sich die Rahmenbedingungen in Zukunft gestalten. Es gibt viele Unsicherheiten: Krankheitsquote, Fluktuation, Auftragslage, Konjunktur, etc. Hier bietet sich die Simulation verschiedenster Szenarien im Rahmen des strategischen WFM an. Zusätzlich werden im Rahmen automatischer Sensitivitätsanalysen individuelle Fragestellungen hinsichtlich der optimalen Personalstruktur beantwortet. So ist es auch möglich, eine sehr robuste Personalstruktur zu schaffen, mit der z.B. besonders flexibel auf den kommenden Aufschwung und die nächste Krise reagiert werden kann.

Ein derartiges System ist besonders für Personalabteilungen interessant, die nun konkrete Zahlen für Entscheidungen liefern können. Ihnen steht ein Instrument zur Verfügung, mit dem sie den Unternehmenserfolg maßgeblich mitgestalten. Aber auch für den Personenkreis, der Einsatzpläne erstellt, ist eine Lösung für strategisches WFM äußerst hilfreich. Anhand von Simulationen verschiedenster Szenarien mit einhergehenden Sensitivitätsanalysen bekommen Planer ein gutes Gespür für ihren Planungsbereich. Sie können die Auswirkungen ihrer Entscheidungen besser beurteilen.

Nachfolgend wird auf die automatische Erstellung von Arbeitszeitmodellen direkt in der Einsatzplanung eingegangen. Denn diese ist ein Bestandteil der untersuchten Problemstellung dieser Arbeit.

3   Automatische Arbeitszeitmodellerstellung

Ein oft ungenutzter Hebel zur Steigerung der WFM-Agilität liegt in den meist sehr starren Schichtmodellen. In Abbildung 1 wird dieser Zusammenhang an konkreten Daten eines 3-Schicht-Betriebs veranschaulicht. Der Personalbedarf schwankt während der Woche sehr stark. Es gelingt mit den drei zur Verfügung stehenden Schichten jedoch nicht, Über- und Unterdeckungen im Personaleinsatz zu vermeiden. Überdeckungen führen zu Leerzeiten. Also Zeit, in der Mitarbeiter anwesend sind, aber keinen wertschöpfenden Beitrag leisten. Auf der anderen Seite müssen Unterdeckungen durch Überstunden oder durch den Einsatz von Leiharbeitskräften teuer ausgeglichen werden. U.U. drohen sogar Umsatzeinbußen.

Diesem Problem kann mit der Einführung weiterer Arbeitszeitmodelle begegnet werden. In Abbildung 2 sieht man deutlich, wie der Personaleinsatz bedarfsorientiert gestaltet wird. Eine vollständige Angleichung des Personaleinsatzes an den Personalbedarf ist jedoch aufgrund diverser Rahmenbedingungen, wie Ruhezeiten, minimale/maximale Arbeitszeiten pro Tag und Grenzen der Zeitsalden, nicht möglich. Doch selbst mit diesen Restriktionen können durch die bessere Ausnutzung der Normalarbeitszeit der Mitarbeiter Über- und Unterdeckungen bei gleicher Arbeitsleistung drastisch reduziert werden (die Flächen unter den Kurven für den Personaleinsatz sind in beiden Abbildungen gleich groß). Welche Effekte sich daraus ergeben, liegt auf der Hand.

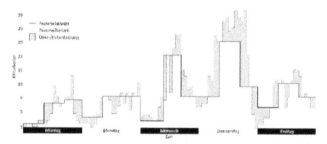

Abb. 1. Starrer Personaleinsatz (drei Schichten) bei schwankendem Personalbedarf

- Kostensenkung durch eine bessere Ausnutzung der Normalarbeitszeit der Belegschaft.
- Reduzierung von Überstunden und Leerzeiten.
- Verminderter Einsatz von Leiharbeitern und Aushilfen zur Peakabdeckung.
- Umsatzsteigerung und eine bessere Kundenzufriedenheit.
- Erhöhte Mitarbeitermotivation durch Vermeidung von Lastspitzen.

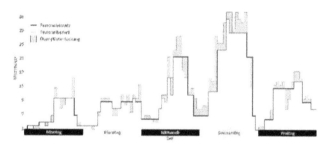

Abb. 2. Flexibler Personaleinsatz (automatische Arbeitszeitmodellerstellung) bei schwankendem Personalbedarf

Mit einer Erhöhung der Anzahl möglicher Arbeitszeitmodelle kann selbst ein stark schwankender Personalbedarf kostengünstig abgedeckt werden. Selbstverständlich bedeutet diese Erhöhung einiges an Aufwand für die Erstellung und Pflege der Arbeitszeitmodelle. Per Hand oder mit einer Tabellenkalkulation ist dies nur sehr aufwändig möglich. Und an eine Erstellung optimaler Einsatzpläne ist ohne eine leistungsstarke Softwarelösung erst gar nicht zu denken. Besonders interessant sind Lösungen, die eine automatische Erzeugung von Arbeitszeitmodellen direkt in der Einsatzplanerstellung erlauben.

Automatische Arbeitszeitmodellerstellung meint folgendes: Man löst sich vollends von starren Schichten, da sie den anstehenden Personalbedarf nicht immer optimal decken. Der Planer gibt lediglich einige Regeln für die bedarfsgerechte Erstellung von Arbeitszeitmodellen an. Diese sind u.a. die minimale und maximale Dauer der Arbeitszeitmodelle sowie die Grenzen für deren Beginn und Ende. Bei der automatischen Erstellung des Einsatzplans werden individuelle Arbeitszeitmodelle für jeden Mitarbeiter generiert. Diese Arbeitszeitmodelle sind so gestaltet, dass sie den Personalbedarf bestmöglich abdecken. Selbstverständlich können bei der automatischen Planung neben den Regeln für die Arbeitszeitmodellerstellung z.B. auch Verfügbarkeiten, Mitarbeiterwünsche, Qualifikationen, Zeitsalden und Personalkosten berücksichtigt werden.

Die zuvor dargestellte automatische Arbeitszeitmodellerstellung findet in der Problemstellung im folgenden Kapitel Anwendung. Diese Problemstellung bildet das Ausgangsszenario, an dem Sensitivitätsanalysen im Rahmen des strategischen WFM vorgenommen werden.

4 Problemstellung

Diese Problemstellung stammt aus einer Abteilung für Damenbekleidung eines Kaufhauses. Angenommen sei eine Menge an Mitarbeitern $\mathcal{E} = \{1, \ldots, E\}$, eine Menge an Arbeitsplätzen $\mathcal{W} = \{1, \ldots, W\}$ und ein diskreter Zeithorizont $\mathcal{T}$ mit dem Index $t = 0, \ldots, T - 1$. Jede Periode t des Zeithorizonts hat eine Länge l_t, die größer als Null ist.

$$l_t > 0 \quad \forall t \in \mathcal{T} \tag{1}$$

Die Zuweisung eines der 15 Mitarbeiter auf einen der beiden Arbeitsplätze erfolgt über die binäre Variable x_{ewt}.

$$x_{ewt} = \begin{cases} 1, & \text{wenn Mitarbeiter } e \text{ dem Arbeitsplatz } w \\ & \text{in Periode } t \text{ zugewiesen wurde} \\ 0, & \text{sonst} \end{cases} \tag{2}$$

Das Kaufhaus hat von Montag bis Sonnabend von 10 bis 20 Uhr geöffnet. Sonntags und an Feiertagen ist das Kaufhaus geschlossen. Weiterhin ist im Vorfeld bekannt, welcher Mitarbeiter wann Urlaub hat oder auf Fortbildung ist. Somit stehen die Verfügbarkeiten und Abwesenheiten der Mitarbeiter fest und werden mit der binären Variable a_{et} festgelegt.

$$a_{et} = \begin{cases} 1, & \text{wenn Mitarbeiter } e \text{ in Periode } t \text{ verfügbar ist} \\ 0, & \text{sonst} \end{cases} \tag{3}$$

Die 15 Mitarbeiter der Abteilung werden auf zwei verschiedene Arbeitsplätze (Kasse und Verkauf) verplant, wobei sie so eingearbeitet werden, dass sie auf beiden Arbeitsplätzen arbeiten können. Qualifikationen werden bei der Planung demnach nicht berücksichtigt. Die Definition der Arbeitsplätze ist recht weit gefasst, sodass Nebentätigkeiten, wie Refill, Switchen oder Umbau im Personalbedarf der beiden Arbeitsplätze integriert werden. Der Personalbedarf d_{wt} ist für beide Arbeitsplätze in 1-Stunden-Intervallen gegeben. Er wurde von der Zentrale für jeden Arbeitsplatz aufgrund von Vergangenheitsdaten ermittelt. Als Bedarfstreiber (Vergangenheitsdaten) je Zeitintervall wurden Umsatzdaten und Anzahl Kassenbons für die Kassenarbeitsplätze sowie Umsatzdaten und Anzahl Kunden für die Verkaufsarbeitsplätze verwendet. Auch Feiertage, Brückentage sowie Werbeaktionen fanden bei der Bedarfsermittlung Berücksichtigung. Eine Minimal- und Maximalbesetzung je Arbeitsplatz und Zeitintervall begrenzen die Ergebnisse der Personalbedarfsermittlung. Der Personalbedarf d_{wt} an Mitarbeitern pro Arbeitsplatz und Periode ist weit im Voraus bekannt und darf nicht negativ sein.

$$d_{wt} \geq 0 \quad \forall w \in \mathcal{W} \text{ und } \forall t \in \mathcal{T} \tag{4}$$

Bei der Erstellung des Einsatzplans werden Arbeitszeitmodelle automatisch erstellt. Dabei werden Öffnungszeiten sowie die Verfügbarkeiten der Mitarbeiter und deren wöchentliche Sollarbeitszeit berücksichtigt. Aufgrund von Bedarfsschwankungen sind auch untertägige Arbeitsplatzwechsel zulässig. Zu den harten Nebenbedingungen gehört, dass Arbeitsplatzwechsel oder der Beginn bzw. das Ende eines Arbeitszeitmodells nur in 1-Stunden-Intervallen stattfinden darf. Ein Mitarbeiter kann in einer Periode t nur dann einem Arbeitsplatz w zugeordnet werden, wenn er auch tatsächlich verfügbar ist. Er kann auch immer nur einem Arbeitsplatz zur gleichen Zeit zugewiesen werden. Hierbei ist zu beachten, dass ein prinzipiell anwesender Mitarbeiter nicht zwingend einem Arbeitsplatz zugewiesen werden muss, da er zur Bedarfsdeckung nicht benötigt wird.

$$\sum_{w=1}^{W} x_{ewt} \leq a_{et} \quad \forall e \in \mathcal{E} \text{ und } \forall t \in \mathcal{T} \tag{5}$$

Es existieren auch weiche Nebenbedingungen, bei deren Verletzung Fehlerpunkte anfallen. Über ihre Höhe findet eine Gewichtung der Restriktionen statt. Besonders im Handel ist die Sicherstellung eines hohen Servicelevels für die Erreichung der Umsatzziele besonders wichtig. Daher sollen bei der Planerstellung Besetzungsabweichungen möglichst vermieden werden. Sobald eine Abweichung von der Besetzungsvorgabe d_{wt} auftritt, entstehen Fehlerpunkte P_d für die Dauer und Höhe der Fehlbesetzung entsprechend der Fehlerpunkthöhe. Dabei wird zwischen verschiedenen Fehlertypen unterschieden: c_{do} bei Überdeckung, wenn der Bedarf $d_{wt} > 0$ ist, c_{dn} bei Überdeckung, wenn der Bedarf $d_{wt} = 0$ ist sowie c_{du} bei einer Unterdeckung. Durch die höheren Fehlerpunkte bei c_{dn} wird die gegenseitige Unterstützung von Mitarbeitern gefördert.

$$P_d = \sum_{t=0}^{T-1} \sum_{w=1}^{W} \left(c_{do} + c_{dn} + c_{du}\right) l_t \left| \left(\sum_{e=1}^{E} x_{ewt} \right) - d_{wt} \right|, \tag{6}$$

mit:

- $c_{do} = 1$, wenn auf Arbeitsplatz w in Periode t eine Überdeckung im Personaleinsatz vorliegt mit $d_{wt} > 0$, sonst $c_{do} = 0$.
- $c_{dn} = 2$, wenn auf Arbeitsplatz w in Periode t eine Überdeckung im Personaleinsatz vorliegt mit $d_{wt} = 0$, sonst $c_{dn} = 0$.
- $c_{du} = 1$, wenn auf Arbeitsplatz w in Periode t eine Unterdeckung im Personaleinsatz vorliegt mit $d_{wt} > 0$, sonst $c_{du} = 0$.

Insgesamt existieren sechs verschiedene Arbeitsverträge, die sich in der zu leistenden wöchentlichen Sollarbeitszeit s_e von 10 bis 40 Stunden in einer normalen Woche unterscheiden. Es gibt also Vollzeit- und Teilzeitmitarbeiter sowie studentische Aushilfen. In Wochen mit Feiertagen wird die wöchentliche Sollarbeitszeit s_e um einen Faktor h_{Woche} reduziert. Ist z.B. der Montag in Woche eins ein arbeitsfreier Tag, so ist $h_1 = 5/6$. Die tatsächlich in einer Woche von einem Mitarbeiter geleistete Arbeitszeit i_e sollte nicht über der vertraglich fixierten wöchentlichen Sollarbeitszeit liegen. Jede zu viel geleistete Minute wird mit Fehlerpunkten c_w geahndet.

$$P_w = \sum_{Woche=1}^{52} \sum_{e=1}^{E} c_w (i_e - s_e * h_{Woche}), \qquad (7)$$

mit:

- $c_w = 1$, wenn $i_e - s_e * h_{Woche} > 0$.
- $c_w = 0$, sonst.

In Tabelle 1 sind die Wochensollarbeitszeit der verschiedenen Arbeitsverträge und die Anzahl der zugewiesenen Mitarbeiter dargestellt. Es gibt sechs Mitarbeiter, die 40 Stunden die Woche arbeiten und die "Grundlast" tragen. Zudem sind weitere fünf Mitarbeiter Teilzeit angestellt, um Peaks abzudecken. Die restlichen vier Mitarbeiter sind auf die übrigen vier Arbeitszeitmodelle verteilt.

Tabelle 1. Arbeitsverträge und Anzahl Mitarbeiter des Ausgangsszenarios

Arbeitsvertrag	Anzahl Mitarbeiter je Vertrag
Vertrag 1 (40 h/Woche)	6
Vertrag 2 (38 h/Woche)	1
Vertrag 3 (30 h/Woche)	1
Vertrag 4 (25 h/Woche)	5
Vertrag 5 (20 h/Woche)	1
Vertrag 6 (10 h/Woche)	1

Ein besonderes Augenmerk liegt auf den automatisch erstellten Arbeitszeitmodellen. Die tägliche Arbeitszeit eines Mitarbeiters soll nicht kürzer als drei Stunden und nicht länger als neun Stunden sein. Bei einem Verstoß gegen diese Regelungen fallen je Mitarbeiter und Tag jeweils Fehlerpunkten c_t an, die

hier auf 1.000 gesetzt sind. Die Summe dieser Fehlerpunkte für den Planungszeitraum ist P_t. Zudem dürfen Arbeitszeitmodelle am Tag nicht unterbrochen
sein. Jeder Verstoß führt je Mitarbeiter und Tag zu den Fehlerpunkten c_t, wobei
c_t mit 10.000 bewertet ist. Die Summe aller Fehlerpunkte durch unterbrochene
Arbeitszeitmodelle wird mit P_c bezeichnet.

Für eine optimale Bedarfsdeckung sind untertägige Arbeitsplatzwechsel zwar
nötig – unnötige Wechsel sollen jedoch möglichst vermieden werden. Die Anzahl
der Arbeitsplatzwechsel pro Mitarbeiter wird mit r_e bezeichnet. Jeder Arbeitsplatzwechsel wird mit Fehlerpunkten c_r bestraft, wobei c_r bei diesem Problem
eins beträgt.

$$P_r = c_r \sum_{e=1}^{E} r_e \tag{8}$$

Die Zielfunktion, die es zu minimieren gilt, lautet:

$$min\ P = P_d + P_w + P_t + P_c + P_r. \tag{9}$$

Für die geschilderte Problemstellung liegen historische Daten für das komplette Kalenderjahr 2006 vor, die anonymisiert wurden.

Eine Einordnung des Handelsproblems kann in die von Ernst u.a. [1] dargestellten Klassen erfolgen. Bzgl. des Personalbedarfs wird das Problem dem
Flexible Demand zugeordnet. Der Bedarf wird aufgrund von Vergangenheitsdaten für 1-Stunden-Intervalle prognostiziert. Dabei werden Events, Öffnungszeiten
und die Lage der Feiertage berücksichtigt. Da keine Arbeitszeitmodelle vorge-
geben sind, müssen diese in der Planung erstellt werden. Das Handelsproblem
ist daher dem Shift Scheduling zuzuordnen. Zudem muss festgelegt werden, auf
welchem der beiden Arbeitsplätze die Mitarbeiter arbeiten sollen. Somit gehört
das Problem zusätzlich dem Task Assignment an.

In diesem Kapitel wurde das Ausgangsszenario erläutert. Nachfolgend werden
Sensitivitätsanalysen an Einsatzplänen für ein komplettes Kalenderjahr durchgeführt. So z.B. veränderte Arbeitsverträge oder die Umstellung der Personalstruktur.

5 Experimente und Ergebnisse

In Kapitel 4 wurden bereits verschiedene Nebenbedingungen mit ihren Fehler-
punkthöhen erläutert. Man erkennt, dass eine manuelle Erstellung des Einsatzplans wegen der Komplexität des Problems nicht zielführend ist. Daher wird zur
Erstellung des Einsatzplans für das komplette Jahr ein Optimierungsalgorithmus
verwendet, der an dieser Art von Problemstellungen bereits sehr gute Ergebnisse erzielt hat [6], [3]. Hierbei handelt es sich um Evolutionsstrategien (ES). Die
Optimalität der Ergebnisse ist jedoch nicht garantiert, da ES eine Metaheuristik
ist.

ES hat bei den Experimenten dieser Arbeit ein Elter, fünf Nachkommen, eine
Kommaselektion und die Mutation mit dem Konzept der maximalen Entropie.

Das Abbruchkriterium greift einheitlich nach 200.000 berechneten Fitnessfunktionen. Für Details zum Algorithmus sei auf die beiden zuvor genannten Quellen verwiesen. Dort sind ebenfalls grundlegende Ausführungen zu ES zu finden, die den Rahmen dieser Arbeit gesprengt hätten. Jedes simulierte Szenario wird 30-mal wiederholt. D.h., dass für jedes Szenario der Einsatzplan für das Kalenderjahr 30-mal berechnet wird. Nachfolgend sind jeweils die Durchschnittswerte über 30 Replikationen angegeben. Aus Platzgründen sind in den folgenden Tabellen alle Nebenbedingungen, gegen die nicht verstoßen wird, nicht aufgeführt. So werden bei allen Experimenten dieser Arbeit z.B. immer korrekte Arbeitszeitmodelle erstellt. Dort sind die Fehlerpunkte der entsprechenden Nebenbedingungen null.

In diesem Kapitel wird zunächst das Ausgangsszenario vorgestellt. Anschließend wird dieses Szenario im Rahmen von Sensitivitätsanalysen modifiziert, um Erkenntnisse zu gewinnen. Bei der Erstellung des Einsatzplans für das komplette Kalenderjahr mit Hilfe von ES ergeben sich die in Tabelle 2 dargestellten Fehlerpunkte. Im Durchschnitt treten relativ wenige Gesamtfehlerpunkte auf. Diese ergeben sich vor allem durch die Überschreitung der vertraglich vereinbarten wöchentlichen Sollarbeitszeit. Fehlerpunkte für die Überdeckung im Personaleinsatz und für die Anzahl der Arbeitsplatzwechsel sind fast vernachlässigbar. Lediglich bei der Unterdeckung ergeben sich relativ viele Fehlerpunkte.

Tabelle 2. Ergebnisse beim Ausgangsszenario (Abbruchkriterium = 200.000 Lösungsevaluationen)

Durchschnittliche Fehlerpunkte	Arbeitsplatzwechsel	Unterdeckung in Minuten	Überdeckung in Minuten (Bedarf>0)	Überschreitung der Sollzeit in Minuten
42.595	406	1.545	30	40.614

Nachdem das Ausgangsszenario erörtert wurde, wird es im Rahmen von Sensitivitätsanalysen modifiziert. Zunächst soll bei relativ konstanter Gesamtzahl der vertraglich vereinbarten wöchentlichen Sollarbeitszeit die Personalstruktur geändert werden. Hierdurch wird die Frage beantwortet, ob mehr/weniger Voll- bzw. Teilzeitkräfte oder eine gleichmäßige Durchmischung zu besseren Ergebnissen führen. Die verschiedenen Szenarien mit der Gesamtzahl der vertraglich vereinbarten wöchentlichen Sollarbeitszeit je Szenario sind in Tabelle 3 dargestellt. In den Szenarien 1 bis 4 wird die Anzahl der Vollzeitkräfte sukzessive reduziert und durch Teilzeitkräfte aufgefüllt, die all einen einheitlichen Vertrag haben.

Die Ergebnisse der verschiedenen Szenarien sind in Tabelle 4 aufgeführt. Hier zeigt sich, dass Szenario 1 mit zehn Vollzeitkräften an schlechtesten ausfällt. Hier

Tabelle 3. Ausgangsszenario und Szenario 1 bis 4 mit veränderter Personalstruktur

	Ausgangs-szenario	Szenario			
		1	2	3	4
	Anzahl Mitarbeiter je Vertrag				
Vertrag 1 (40 h/Woche)	6	10	7	5	0
Vertrag 2 (38 h/Woche)	1	0	0	0	0
Vertrag 3 (30 h/Woche)	1	0	0	0	15
Vertrag 4 (25 h/Woche)	5	0	0	10	0
Vertrag 5 (20 h/Woche)	1	0	8	0	0
Vertrag 6 (10 h/Woche)	1	5	0	0	0
Σ der wöchentl. Sollarbeitszeit	463	450	440	450	450

ist die Überschreitung der wöchentlichen Sollarbeitszeit besonders hoch. Dies liegt daran, dass man mit einer hohen Anzahl an Vollzeitkräften recht unflexibel ist. Die Arbeitslast ruht auf nur zehn Mitarbeitern. Der stark schwankende Personalbedarf kann mit ihnen nicht optimal abgedeckt werden. Wird ein zusätzlicher Bedarf an Personal zu Stoßzeiten durch die fünf Teilzeitkräfte mit nur zehn Sollstunden je Woche abgefangen, kommt es bei diesen Mitarbeitern schnell zu Überschreitungen der wöchentlichen Sollarbeitszeit. Das beste Ergebnis wird in Szenario 4 erzielt. Bei fast allen Nebenbedingungen entstehen dort besonders wenige Fehlerpunkte. In Szenario 4 ist die Arbeitslast völlig gleichmäßig auf alle fünfzehn Mitarbeiter verteilt. Der sehr stark schwankende Personalbedarf kann mit dieser Personalstruktur sehr gut gedeckt werden. Mit insgesamt 450 statt 463 Sollstunden je Woche hat Szenario 4 sogar 16 Sollstunden weniger als das Ausgangsszenario. Dies entspricht fast einer Teilzeitkraft mit dem Vertrag Nummer fünf. Allgemein zeigt sich in den Experimenten, dass die Personalstruktur nur einen geringen Einfluss auf die Anzahl der Arbeitsplatzwechsel, die Überdeckung im Personaleinsatz und auf die korrekte Erstellung der Arbeitszeitmodelle hat. Sie ist jedoch hinsichtlich der Überschreitung der wöchentlichen Sollarbeitszeit zur Deckung des Personalbedarfs entscheidend.

Nachdem die Personalstruktur bei relativ konstanter Gesamtzahl der wöchentlichen Sollarbeitszeit modifiziert wurde, sollen nun die Auswirkungen einer verringerten Gesamtzahl der Sollarbeitszeit untersucht werden. Die entsprechenden Szenarien sind in Tabelle 5 dargestellt. Im Vergleich zum Ausgangsszenario werden mit Szenario 5 beginnend alle Mitarbeiter mit dem längsten Ar-

Tabelle 4. Ergebnisse des Ausgangsszenarios und der Szenarien 1 bis 4 mit veränderter Personalstruktur (Abbruchkriterium = 200.000 Lösungsevaluationen)

Szenario	⊘ Fehler-punkte	Arbeitsplatz-wechsel	Unterdeckung in Minuten	Überdeckung in Minuten (Bedarf>0)	Überschreitung der Sollzeit in Minuten
Ausgangs-szenario	42.595	406	1.545	30	40.614
Szenario 1	145.140	411	2.040	34	142.654
Szenario 2	54.393	393	1.780	0	52.220
Szenario 3	48.404	378	1.483	26	46.517
Szenario 4	30.428	351	891	43	29.143

beitsvertrag auf den jeweils nächstkürzeren Arbeitsvertrag geschoben. Dadurch reduziert sich die Gesamtzahl der wöchentlichen Sollarbeitszeit bei konstanter Mitarbeiteranzahl.

Die Ergebnisse der Experimente mit den Szenarien 5 bis 9 sind in Tabelle 6 aufgeführt. Erwartungsgemäß steigt die Gesamtfehlerpunktzahl mit der Reduktion der zur Verfügung stehenden Sollarbeitszeit. Besonders stark nehmen die Fehler bei der Überschreitung der vertraglich festgelegten wöchentlichen Sollarbeitszeit zu. Die Abweichungen bei der Über- und Unterdeckung im Personaleinsatz sind relativ unempfindlich gegenüber den Sollarbeitszeitreduktionen, da diese durch eine Überschreitung der vertraglichen Sollarbeitszeit abgefedert werden. Aus den Ergebnissen lässt sich ableiten, dass die zur Verfügung stehende Summe der Sollarbeitszeit nicht zu weit abgesenkt werden sollte, da die Fehlerpunkte sonst stark zunehmen.

In Abbildung 3 ist das Verhältnis aus Gesamtfehlerpunkten je zur Verfügung stehender Stunde an Sollarbeitszeit (im Ausgangsszenario z.B. 463 h) in verschiedenen Szenarien dargestellt. Es wird deutlich, dass die Gesamtfehlerpunkte je Sollstunde bei einer Reduktion der Gesamtanzahl an Sollstunden überproportional ansteigen. Dies unterstreicht wiederum die zuvor gemachte Aussage, dass ein zu starkes Absenken der zur Verfügung stehenden Sollstunden unbedingt vermieden werden sollte.

6   Zusammenfassung

In dieser Arbeit wurden zunächst die Möglichkeiten des hochflexiblen WFM mit Hilfe von automatisch erstellten Arbeitszeitmodellen dargestellt. Darauf aufbau-

Tabelle 5. Ausgangsszenario und Szenario 5 bis 9 mit veränderter Personalstruktur

	Ausgangs-szenario	Szenario				
		5	6	7	8	9
	Anzahl Mitarbeiter je Vertrag					
Vertrag 1 (40 h/Woche)	6	0	0	0	0	0
Vertrag 2 (38 h/Woche)	1	7	0	0	0	0
Vertrag 3 (30 h/Woche)	1	1	8	0	0	0
Vertrag 4 (25 h/Woche)	5	5	5	13	0	0
Vertrag 5 (20 h/Woche)	1	1	1	1	14	0
Vertrag 6 (10 h/Woche)	1	1	1	1	1	15
Σ der wöchentl. Sollarbeitszeit	463	451	395	355	290	150

end wurde eine Problemstellung aus dem Handel vorgestellt, an der diverse Szenarien im Rahmen des strategischen WFM untersucht wurden.

Im Rahmen des strategischen WFM lässt sich bei der untersuchten Problemstellung erkennen, dass eine gleichmäßige Verteilung der Arbeitslast auf alle Mitarbeiter hinsichtlich der gewählten Bewertungskriterien vorteilhaft ist. So werden die geringsten Gesamtfehlerpunkte in Szenario 4 erzielt, wo alle fünfzehn Mitarbeiter eine vertragliche Wochensollarbeitszeit von 30 Stunden haben. Weiterhin ist zu erkennen, dass ein sukzessives Absenken der insgesamt zur Verfügung stehenden wöchentlichen Sollarbeitszeit zu einem überproportionalen Anstieg der Gesamtfehlerpunkte führt, sodass ein derartiges Vorgehen unbedingt vermieden werden sollte.

Insgesamt wird das Potenzial des hier gewählten Vorgehens für das strategische WFM deutlich. Handlungsempfehlungen werden anhand konkreter Einsatzpläne für einen sehr langen Planungszeitraum getroffen und nicht mehr nur auf Basis einfacher Überlegungen in Tabellenkalkulationen. Die Auswirkungen von Entscheidungen bzgl. Über-/Unterdeckung im Personaleinsatz und bzgl. Mehrarbeit sind nun relativ exakt ablesbar. Die Ergebnisse der erstellten Einsatzpläne könnten sogar monetär bewertet werden. So ist die Überschreitung der vertraglich festgelegten wöchentlichen Sollarbeitszeit (= Mehrarbeit) z.B. zu entlohnen. Und eine Unterdeckung im Personaleinsatz führt zu Umsatzeinbußen, da das Servicelevel sinkt, was zu einem höheren Anteil der Nicht-Käufer führt. Strategisches WFM in der hier beispielhaft aufgezeigten Form liefert somit wertvolle Erkenntnisse für Entscheidungen.

Tabelle 6. Ergebnisse des Ausgangsszenarios und der Szenarien 5 bis 9 mit reduzierter Gesamtzahl der wöchentlichen Sollarbeitszeit (Abbruchkriterium = 200.000 Lösungsevaluationen)

Szenario	⌀ Fehlerpunkte	Arbeitsplatzwechsel	Unterdeckung in Minuten	Überdeckung in Minuten (Bedarf>0)	Überschreitung der Sollzeit in Minuten
Ausgangsszenario	42.595	406	1.545	30	40.614
Szenario 5	36.276	376	1.040	20	34.840
Szenario 6	77.585	345	1.100	20	76.120
Szenario 7	139.561	341	1.060	40	138.120
Szenario 8	283.561	241	1.980	20	281.320
Szenario 9	616.062	188	2.447	0	613.427

Gegenstand zukünftiger Untersuchungen sind weitere Szenarien der hier untersuchten Problemstellung und langfristig auch weitere Problemstellungen. Zudem liegt die CPU-Zeit mit einem Intel Core Quad 4 x 2,66 GHz unter Windows Vista 64-Bit mit 4 GB RAM bei etwa 4 Stunden. Für umfassendere Experimente im Rahmen des strategischen WFM muss die CPU-Zeit noch deutlich reduziert werden. Dies lässt sich zum einen durch eine effizientere Berechnung der Fitnessfunktion erzielen. Weiteres Potenzial liegt im Optimierungsalgorithmus. So wird bei einem konstruierenden Verfahren (KV) die Fitnessfunktion nur einmal am Ende berechnet, was im Vergleich zu den 200.000 Berechnungen mit ES in dieser Arbeit ein erheblicher Unterschied ist. Um jedoch gute Ergebnisse mit einem KV zu erzielen, muss dieses sehr viel problemspezifisches Wissen enthalten [3]. Hier besteht weiterer Forschungsbedarf, um den Anpassungsaufwand des KV bei immer neuen Szenarien in Grenzen zu halten.

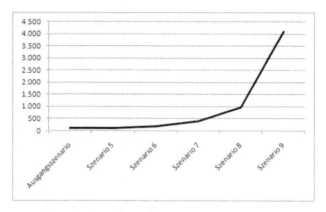

Abb. 3. Verlauf der Gesamtfehlerpunkte je zur Verfügung stehender Stunde der vertraglichen Sollarbeitszeit in verschiedenen Szenarien

Literatur

1. ERNST, A. T., H. JIANG, M. KRISHNAMOORTHY, B. OWENS und D. SIER: *An Annotated Bibliography of Personnel Scheduling and Rostering*. Annals of Operations Research, 127:21–144, 2004.
2. GEBHARDT, B.: *Branchenspezifische Aspekte des Handels*. In: FANK, M. und B. SCHERF (Herausgeber): *Handbuch Personaleinsatzplanung*, Seiten 225–261. Frechen: Datakontext, 1. Auflage, 2005.
3. GÜNTHER, M.: *Hochflexibles Workforce Management. Herausforderungen und Lösungsverfahren*. Dissertation, TU Ilmenau, Dezember 2010.
4. KPMG (Herausgeber): *Trends im Handel 2010*. Köln, 2006.
5. MIEBACH CONSULTING GMBH (Herausgeber): *Personalbedarfsplanung. Personalplanungs- und Flexibilisierungsmethoden in der logistischen Praxis*. Frankfurt, 2008.
6. NISSEN, V., M. GÜNTHER und R. SCHUMANN: *Integrated Generation of Working Time Models and Staff Schedules in Workforce Management*. In: DI CHIO, C. (Herausgeber): *Proceedings EvoApplications 2011*, LNCS, Seite (zur Veröffentlichung angenommen). Berlin: Springer, 2011.
7. STATISTISCHES BUNDESAMT (Herausgeber): *Statistisches Jahrbuch 2007. Für die Bundesrepublik Deutschland*. Reutlingen: SFG, 2007.

www.ingramcontent.com/pod-product-compliance
Lightning Source LLC
La Vergne TN
LVHW042324060326
832902LV00010B/1720